MICHAEL ENDE

LENCHENS GEHEIMNIS

Bearbeitet von: Stefan Freund

Illustrationen: Peter Bay Alexandersen

GEKÜRZT UND VEREINFACHT
FÜR SCHULE UND SELBSTSTUDIUM

Diese Ausgabe, deren Wortschatz nur die gebräuchlichsten deutschen Wörter umfasst, wurde gekürzt und in der Struktur vereinfacht und ist damit den Ansprüchen des Deutschlernenden auf einer frühen Stufe angepasst.

**Dieses Werk folgt der
reformierten Rechtschreibung
und Zeichensetzung**

Herausgeber: Ulla Malmmose

Umschlagentwurf: Mette Plesner

Copyright © by Thienemanns Verlag, Stuttgart - Wien
Copyright © 1995 EASY READERS, Copenhagen
- a subsidiary of Lindhardt og Ringhof Forlag A/S,
an Egmont company.
ISBN Dänemark 978-87-23-90224-5
www.easyreaders.eu
The CEFR levels stated on the back of the book
are approximate levels.

Easy Readers
EGMONT

Gedruckt in Dänemark

MICHAEL ENDE
(1929-1995)

Jahrgang 1929, Sohn des surrealistischen Malers Edgar Ende, erhielt für sein literarisches Werk zahlreiche deutsche und internationale Literaturpreise. Seine Werke sind in mehr als 30 Sprachen übersetzt und haben eine Gesamtauflage von über 5 Millionen Exemplaren.

ANDERE WERKE VON MICHAEL ENDE

Jim Knopf und Lukas der Lokomotivführer, 1960. Jim Knopf und die Wilde 13, 1962. Tranquilla Trampeltreu, 1972. Momo, 1973. Die unendliche Geschichte, 1979. Der Wunschpunsch, 1989. Die Geschichte von der Schüssel und vom Löffel, 1990. Der lange Weg nach Santa Cruz, 1992. Das Gefängnis der Freiheit, 1992.

Lenchens *Geheimnis*

Lenchen war ein sehr liebes kleines Mädchen, solange ihre Eltern vernünftig waren und taten, was sie von ihnen verlangte.
Aber das taten sie eben leider fast nie.
Sagte das kleine Mädchen (es heißt Helena) zu seinem Vater:
»Gib mir mal fünf Mark, damit ich mir ein großes Eis kaufen kann!«, dann antwortete er: »Nein, denn du hast schon drei gegessen, und zu viel Eis ist nicht gut für dich.«
Oder wenn Lenchen ganz freundlich zu ihrer Mutter sagte: »Mama, *putz* mir doch meine Schuhe!«, dann sagte die:
»Das mach mal schön selbst, du bist groß genug dafür.«
Oder wenn das Mädchen sagte: »Ich will dieses Jahr in den Ferien ans Meer fahren.«, dann sagten beide: »Wir fahren diesmal lieber ins *Gebirge*.«
Es *stand* für Lenchen *fest*, dass die Dinge nicht so bleiben konnten. Deshalb *beschloss*

---

das Geheimnis, etwas, von dem niemand etwas weiß
putzen, sauber machen
das Gebirge, die Berge
feststehen, sicher sein
beschließen, bestimmen

sie eines Tages zu einer *Fee* zu gehen - ob gut oder böse, war ihr ziemlich *egal*. Wichtig war nur, sie konnte wirklich *zaubern*.

Aber wo findet man in einer modernen Großstadt eine richtige Fee? Das ist gar nicht so einfach.

Das kleine Mädchen lief durch viele Straßen und las mit einiger Mühe (weil es gerade erst lesen lernte), was über den Geschäften und an den Haustüren geschrieben war.

Da stand zum Beispiel »SUPERMARKT« oder »ZAHNARZT« oder »ELEKTRIKER« oder »GIXLMIPF« (oder so ähnlich), aber nirgends stand »FEE«.

Stattdessen stand an einer Straßenecke ein Polizeimann, der gerade ein Auto aufschrieb, das falsch geparkt hatte.

Lenchen ging auf ihn zu und sprach: »Ich hätte mal eine Frage. Wo gibt es hier eine richtige Fee?«

»Einen Kaffee?«, fragte der Polizeimann und schrieb weiter.

»Nein, eine Fee - so eine, die zaubern kann«, erklärte Lenchen.

»Ach so«, sagte der Polizeimann, »eine Zau-

---

die Fee, eine Frau aus dem Märchen, die Gutes oder Böses tun kann
egal, gleichgültig
zaubern, magische Kräfte haben

berfee. Warte mal einen Moment.«

Er holte ein kleines Büchlein aus der Tasche und *blätterte* darin, dazu sagte er: »Familie ... Fahrplan ... Feier ... ah, hier steht es: Fee! ... Franziska Fragezeichen, *Beratung* in allen Lebensfragen, jede Art von Zauber, jederzeit, Regenstraße 13, *Dachgeschoss*.«

blättern, die Seiten im Buch umdrehen
die Beratung, das gemeinsame Sprechen über eine Sache; hier: die Hilfe
das Dachgeschoss, die oberste Etage in einem Haus

»Und wo ist die Regenstraße?«, wollte Lenchen wissen.

»Hier geradeaus, zweite Straße links, dann unter der Brücke durch, nächste Straße rechts, dann das Ganze wieder zurück und dreimal im Kreis herum«, erklärte der Polizeimann freundlich.

»Danke«, sagte Lenchen und machte sich auf den Weg.

Sie fand bald die Regenstraße, die leicht zu erkennen war, weil es in ihr tatsächlich immer regnete. Lenchen war ziemlich nass, als sie endlich vor der Nr. 13 ankam.

Es war ein merkwürdiges Haus, denn es *bestand* nur aus einer Treppe, die fünf Etagen hinaufführte. Ganz oben war ein Dachgeschoss, das irgendwie über dieser Treppe festgemacht war.

Lenchen stieg hinauf und kam vor einer Wohnungstür an, auf der stand:

**Wer zu mir will
ist hier genau richtig
herein ohne *anzuklopfen***

bestehen, gemacht sein
anklopfen, an die Tür schlagen, weil man eintreten will

»Woher«, fragte sich Lenchen, »kann die Fee denn wissen, dass ich zu ihr will? Naja, weil sie eben eine Fee ist, klar.«

Und sie trat ein ohne anzuklopfen.

Und wäre beinahe ins Wasser gefallen, denn vor ihren Füßen lag ein himmelblauer See. In weiter Ferne sah sie eine *Insel*. Zum Glück war ganz in der Nähe ein *Kahn* im Wasser.

Lenchen stieg hinein, und der Kahn fuhr von ganz allein los. Er wurde immer schneller und das Wasser spritzte nach links und rechts

---

die Insel, Land, das von Wasser umgeben ist
der Kahn, ein kleines Boot

wie bei einem Motorboot. (Einen Motor gab es aber nicht.) Lenchens Haare bewegten sich im Wind.

Wenige Minuten später kam der Zauberkahn schon an der Insel an, und das kleine Mädchen sprang an Land. Da war das Land plötzlich ein Zimmerboden mit einem Teppich darauf, und in diesem Zimmer saß an einem runden dreibeinigen Tischchen eine Frau, die gerade Kaffee trank.

Es war ziemlich dunkel im Raum, weil er nur von ein paar brennenden *Kerzen* hell wurde, die an den Wänden festgemacht waren.

Zum Fenster schien der volle Mond herein. Eine *Kuckucksuhr* schlug zwölfmal, nur dass der Kuckuck, der aus der Uhr kam, kein Kuckuck war, sondern ein *Uhu*, der zwölfmal »uhu!« rief.

»Setz dich zu mir, mein Kind«, sagte die Fee, »und sprich!«

»Wieso ist es denn schon so spät?«, fragte Lenchen.

»Es ist Mitternacht«, antwortete die Fee, »weil hier immer Mitternacht ist. Es gibt gar keine andere Zeit.«

Tatsächlich zeigte die Uhr anstelle der anderen Zahlen nur zwölfmal eine Zwölf.

| *die Kerze*, das Licht

»Das ist sehr praktisch«, erklärte die Fee, »denn man kann, wie du weißt, nur um Mitternacht richtig zaubern. Das verstehst du doch?«

Lenchen wusste nicht richtig, die Sache war ihr gar nicht klar.

»Also, worum geht's?«, fragte Franziska Fragezeichen.

Lenchen setzte sich der Fee gegenüber auf den freien Stuhl an das Tischchen und sah sie sich genau an. Eigentlich sah die Frau ganz normal aus - wie irgendeine Frau, die man auf der Straße sieht.

Trotzdem war etwas Besonderes an ihr, nur merkte Lenchen nicht gleich, was es war. Doch dann sah sie es:

Die Fee hatte sechs Finger an jeder Hand.

»Das macht nichts«, sagte Franziska Fragezeichen, »bei uns Feen ist immer irgendetwas ein bisschen anders als bei gewöhnlichen Menschen. Sonst wären wir ja keine Feen. Das verstehst du doch?«

Lenchen *nickte*.

»Es geht um meine Eltern«, erklärte sie dann und *seufzte*. Ich weiß nicht, was ich mit ihnen machen soll. Sie wollen und wollen mir einfach nicht *folgen* ... «

»Das ist ja *allerhand*«, meinte die Fee mitfühlend. »Was kann ich für dich tun?«

» ...weil sie nämlich in der Überzahl sind«, sagte Lenchen, »immer zwei gegen einen.«

»Dagegen ist schwer etwas zu machen«, *murmelte* die Fee.

---

nicken, den Kopf bewegen und damit ja sagen
seufzen, hier: zeigen, dass man traurig ist
folgen, tun, was einer will
allerhand, hier: sehr schlecht
murmeln, leise und undeutlich sprechen

»Außerdem sind sie größer als ich«, sagte Lenchen.

»Das ist bei Eltern meistens so«, sagte die Fee.

»Wenn sie kleiner wären als ich«, sagte Lenchen laut, »wäre die Sache mit der Überzahl vielleicht nicht mehr so wichtig.«

»Sicher!«, sagte die Fee.

Franziska Fragezeichen *faltete* ihre zwölf Finger, machte die Augen zu und dachte eine Weile nach. Lenchen wartete.

»Ich hab's!«, rief die Fee schließlich. »Ich gebe dir hier zwei Zuckerstückchen. Sie sind natürlich verzaubert. Die tust du deinen Eltern *heimlich* und *unbemerkt* in die Tee- oder Kaffeetassen. Es wird ihnen nichts passieren. Nur werden sie, sobald sie erst mal den Zucker gegessen haben, **jedes Mal** wenn sie dir nicht folgen, halb so groß werden, wie sie vorher waren. **Jedes Mal** immer wieder halb so groß. Das verstehst du doch?«

Und sie schob dem Kind zwei ganz normale, weiße Zuckerstücke über den Tisch, die sie aus einer besonderen *Büchse* genommen hatte.

---

falten, zusammen legen
heimlich, *unbemerkt*, ohne, dass jemand davon etwas weiß oder es sieht
die Büchse, ein Behälter aus Metall

»Danke sehr«, sagte Lenchen, »was kosten sie?«

»Nichts, mein Kind«, antwortete die Fee. »Die erste Beratung ist immer gratis. Die zweite wird dann allerdings schrecklich teuer.«

»Das macht mir nichts«, sagte Lenchen, »weil ich ja keine zweite Beratung brauche. Also dann, schönen Dank.«

»Auf Wiedersehen«, sagte Franziska Fragezeichen und *lächelte*.

Dann gab es ein *Geräusch* - »flopp!« - als ob man den Korken aus einer Flasche zieht, und Lenchen stand plötzlich im Wohnzimmer bei sich zu Hause. Die Eltern waren da und hatten noch nicht einmal bemerkt, dass ihre Tochter weggewesen war. Aber Lenchen hielt die beiden Zuckerstückchen in der Hand. Daran erkannte sie mit Sicherheit, dass das Ganze kein Traum gewesen war.

Die Mutter brachte gerade die Teekanne herein und ging noch einmal in die Küche, um den Teller mit den *Plätzchen* zu holen.

Der Vater zog sich im Schlafzimmer seine bequeme Hausjacke an.

Als Lenchen allein war, tat sie die beiden Zuckerstückchen in die Teetassen ihrer Eltern.

lächeln, lautlos ein wenig lachen
das Geräusch, der Ton
das Plätzchen, ein kleines Stück Kuchen

Einen kurzen Augenblick lang hatte sie ein *schlechtes Gewissen*, aber das ging schnell vorüber.

Sie haben selber *Schuld*, dachte sie.

Außerdem *schadet* ihnen das Zaubermittel ja nicht, solange sie mir nicht *widersprechen*. Und wenn sie's doch tun, geschieht es ihnen ganz recht.

Dann wurde Tee getrunken, aber Lenchen sagte, sie wolle keinen Tee, sondern Limonade.

»Na gut«, meinte die Mutter, »hol dir eine aus dem Kühlschrank.«

---

das schlechte Gewissen, das Gefühl, etwas Schlechtes getan zu haben
die Schuld, der Grund für eine böse Tat
schaden, etwas Böses tun
widersprechen, eine andere Meinung haben und es sagen

Bis jetzt war alles noch gut gegangen.

Aber dann wollte der Vater *Nachrichten* im Fernsehen sehen, Lenchen dagegen einen Zeichentrickfilm, der auf dem anderen Kanal lief.

»Ich möchte aber wissen, was es Neues gibt«, sagte der Vater und stellte die Nachrichten an.

Da machte es plötzlich »pffffft!«, als ob aus dem Fahrrad die Luft heraus geht, und der Vater *schrumpfte* zusammen und saß auf einmal ganz klein in seinem *Sessel*.

Natürlich waren seine Kleider nicht mitgeschrumpft, sodass nun seine bequeme Hausjacke und seine Hose und sein Hemd und seine Krawatte viel zu groß um ihn herumhingen. Er war vorher 1 Meter und 84 groß gewesen, und jetzt war er nur noch halb so groß, also 92 Zentimeter. Man kann sich denken, dass er ein ziemlich *verblüfftes* Gesicht machte.

»Um Himmels willen, Kurt«, rief Mutter, »was soll denn das?«

»Ich weiß nicht«, antwortete der Vater, »ich fühle mich irgendwie komisch.«

---

die Nachrichten, die Sendung im TV oder im Radio mit den Neuigkeiten vom Tage
schrumpfen, kleiner werden
der Sessel, ein bequemer Stuhl
verblüfft, hier: dumm

»Du bist ja auf einmal so klein, Kurt«, sagte Mutter.

»Wirklich?«, fragte Vater ungläubig. »Wie klein?«

»Halb so groß wie bisher«, sagte die Mutter.

Vater stand auf und ging zum Spiegel auf den Flur hinaus, um es selbst zu sehen. Seine Kleider zog er hinter sich her. Der Spiegel hing jetzt aber zu hoch für ihn, Mutter musste kommen und ihn hochheben.

»Tatsächlich«, murmelte er, während er sich ansah. »Das kommt mir aber sehr *ungelegen*.

ungelegen, nicht passend

Was werden die Kollegen im Büro sagen? Man wollte mich doch gerade zum Direktor machen.«

Lenchen war bis jetzt still geblieben, aber nun lachte sie doch los. Sie sprang vor Lachen auf das Sofa.

»Da gibt es gar nichts zu lachen«, sagte Mutter ernst, während sie mit Vater zurückkam und ihn auf seinen Sessel setzte.

»Diese Sache ist sehr schlimm. Vielleicht ist es eine Krankheit. Wir müssen sofort mit dem Doktor telefonieren und ihn bitten zu kommen.«

»Nein«, antwortete Lenchen, die vor lauter Lachen kaum sprechen konnte, »es ist keine Krankheit.«

»Was verstehst du denn davon«, sagte Mutter und griff nach dem Telefon.

»Nicht!«, rief Lenchen. »Nein, nein und nochmal nein! Ich will nicht, dass der Doktor kommt.«

»Was du willst oder nicht willst, ist jetzt völlig egal«, sagte Mutter ärgerlich, »jetzt geht es um deinen armen Vater.«

Sie wollte gerade den Hörer abnehmen, da machte es »pffffft!« wie vorher, und Mutter schrumpfte ebenfalls zusammen, bis ihre Kleider um sie herumhingen. Sie war vorher 1 Meter 68 groß gewesen und war nur noch 84

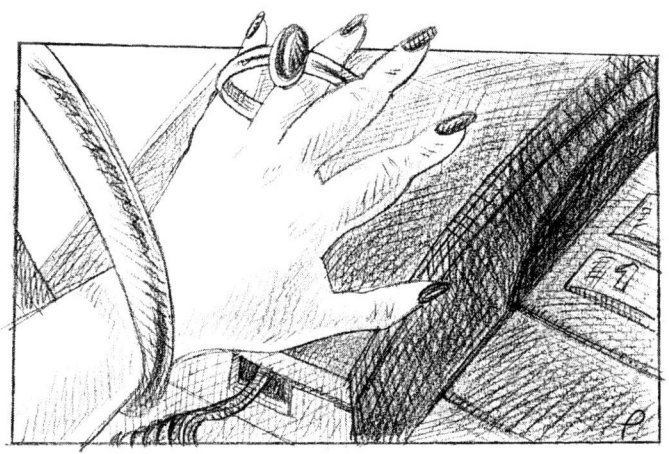

Zentimeter groß.

»Wie kommt denn ... «, war alles, was sie noch sagen konnte, ehe sie *ohnmächtig* umfiel.

Vater sprang von seinem Sessel herunter und fing sie im letzten Moment in seinen Armen auf. Sonst wäre sie auf den Boden gefallen und hätte sich vielleicht wehgetan. Aber sehr **tief** fallen konnte sie ja jetzt nicht mehr.

»Hilde!«, rief er. »Wach doch auf, Liebling!«

Sie schlug die Augen auf, die sich mit *Tränen* füllten.

»Ach, Liebster«, sagte sie, »willst du mir mal

---

ohnmächtig, bewusstlos; nicht wach
die Träne, das Wasser in den Augen

sagen, wie ich jetzt einkaufen gehen soll? Was werden die Leute von mir denken?«

»Immerhin passen wir in der Größe nun wieder gut zusammen«, sagte der Vater mit einem Versuch, seine Frau zu *trösten*. »Das ist doch schon etwas.«

»Aber was soll ich nur anziehen?«, sagte Mutter. »Sogar die Sachen von Lenchen sind mir jetzt zu groß.«

»Wir werden etwas finden, Liebling«, meinte der Vater und gab ihr einen Kuss, »wir werden etwas finden. Wir müssen die Situation gründlich durchdenken. Wir werden bestimmt eine gute Idee bekommen.«

Mutter *wischte* sich die Tränen aus den Augen und blickte bewundernd zu ihrem kleinen Mann auf, der selbst in dieser so ungewöhnlichen Lage die Nerven behielt.

»Wie ist denn das so plötzlich gekommen, Kurt?«

»Eine gute Frage«, meinte der Vater.

»Es ist gekommen«, sagte Lenchen, »weil ihr mir nicht gefolgt habt.«

Die Eltern *schauten* zu ihr hin und machten ungläubige Gesichter.

»Was hast du gesagt, Kind?«, fragte Mutter.

trösten, helfen, wenn man Kummer hat
wischen, hier: weg machen
schauen, sehen

»Es ist Zauberei«, erklärte Lenchen. »Aber wenn ihr alles tut, was ich euch sage und **niemals** widersprecht, dann passiert euch nichts weiter.«

»So etwas«, sagte Vater, »gibt es nicht. Das ist einfach *Unsinn*. Wir leben in einem wissenschaftlichen Jahrhundert. Also, Lenchen, wenn du an dem schuld bist, dann mach es sofort *rückgängig*.«

»Ihr seid selber schuld«, antwortete Lenchen unfreundlich. »Warum tut ihr nie, was ich will.«

Die Eltern sahen sich an.

»*Offenbar*«, meinte der Vater, »hat sie es wirklich getan.«

»*Schäm* dich!«, rief Mutter. »Sowas tut ein folgsames Kind nicht!«

Lenchen mußte wieder lachen.

»Ich werde euch fotografieren«, sagte sie. »Zur Erinnerung fürs Familienalbum.«

»Niemals!«, rief Vater streng. »Nicht mit meinem Fotoapparat!«

»Das tust du nicht, hörst du!«, sagte Mutter. »Du willst uns wohl vor aller Welt lächerlich machen.«

der Unsinn, die Dummheit
rückgängig, ungeschehen
offenbar, wie man sehen kann
sich schämen, Schuldgefühl haben

Wieder gab es dieses sonderbare Geräusch - »pffffft!« - und schon waren die Eltern wieder auf die Hälfte geschrumpft. Vater war jetzt nur noch 46 Zentimeter groß und Mutter 42.

»Seht ihr wohl!«, sagte Lenchen. »Das habt ihr nun davon. Es ist besser, ihr widersprecht mir von jetzt an nie mehr.«

Die Eltern sagten nichts und sahen ziemlich verwirrt aus. Lenchen holte Vaters Fotoapparat und fotografierte sie.

»Und jetzt«, erklärte sie dann, »dürft ihr euch mit mir zusammen den Zeichentrickfilm ansehen - obwohl ihr eigentlich ein bisschen zu klein dafür seid.«

Die Eltern machten mit. Vater wollte zwar ein paarmal irgendetwas sagen, aber Mutter stieß ihn mit dem Arm an und legte den Zeigefinger an die Lippen.

Zum Abendessen gab es diesmal nur *Kekse* und Milch, die Lenchen aus der Küche holte. Die Eltern brauchten ja jetzt nur noch ziemlich wenig, und so wurde Lenchen trotzdem satt. Der restliche Abend verlief ganz friedlich, weil die Eltern alles taten, was Lenchen *befahl* - sogar, als es darum ging, *Quartett* zu spielen, wobei die Karten für Vater und Mutter natür-

---

der Keks, ein kleiner, trockener Kuchen
befehlen, sagen, was einer tun soll
das Quartett, ein Kartenspiel

lich **viel** zu groß waren.

Endlich sagte Lenchen, dass es Zeit sei schlafen zu gehen.

»Ihr müsst jetzt ins Bett«, sagte sie, »aber in eurem großen Bett werde ich von jetzt an schlafen.«

»Und wir?«, fragte Mutter.

»Ihr schlaft in meinem Puppenwagen«, sagte Lenchen.

»Also wirklich!«, rief Vater und bekam einen roten Kopf. »Das kann niemand von mir verlangen. Ich bin ein erwachsener Mann. Das kann man mit mir nicht machen!«

»Richtig!«, sagte Mutter. »Sowas kannst du doch mit uns nicht machen, Kind. Das geht nun wirklich zu weit.«

Von neuem war das sonderbare Geräusch zu hören - »pffffft!« - und nun war er nur noch 23 Zentimeter groß und sie 21.

Lenchen holte ihren *Teddy* und ihren *Plüschtiger* und den *Kasper* und den *Elefanten* und so weiter und tat sie ins Bett ihrer Eltern. Dann packte sie Vater und Mutter in den Puppenwagen.

»Gute Nacht!«, sagte sie und deckte beide gut zu. »Und jetzt wird geschlafen, verstanden?«

Dann ging sie selbst ins Bett - ohne sich zu waschen und Zähne zu putzen, denn über diese Dinge hatte sie ja nun ganz allein zu *entscheiden*.

Sie machte es sich zwischen all ihren Schlaftieren bequem und schlief zufrieden ein. Bis zuletzt hörte sie noch aus dem Puppenwagen *aufgeregtes* Gemurmel.

In der Nacht wachte sie auf, weil ein *Gewitter* kam. Es blitzte und donnerte ganz entsetz-

---

der Teddy, der Plüschtiger, der Kasper, der Elefant, Lenchens Schlaftiere
entscheiden, bestimmen
aufgeregt, nervös
das Gewitter, ein Unwetter mit Blitz und Donner

lich, und Lenchen wäre gern zu ihren Eltern ins Bett gegangen, um sich sicherer zu fühlen, aber in deren Bett lag sie ja schon, und zu den Eltern im Puppenwagen konnte sie ja beim besten Willen nicht auch noch. Außerdem hätte sie sich bei so kleinen Eltern auch kein bisschen sicherer gefühlt.

Sie kam sich schrecklich einsam vor und weinte ein wenig. Aber am nächsten Morgen schien die Sonne wieder, und alles war vergessen.

Als erstes schaute sie im Puppenwagen nach - aber da waren die Eltern nicht mehr. Sie waren auf den Boden hinunter*geklettert* und weggelaufen.

Lenchen suchte im ganzen Zimmer herum und rief: »Hallo, Papa, Mama, wo seid ihr denn?«

Nach einer Weile hörte sie von irgendwoher ein ganz, ganz leises Gemurmel. Es kam aus der Sofaecke. Sie ging hin und suchte überall, aber da war niemand. Sie sah unter das Sofa und fand die beiden in der hintersten, dunkelsten Ecke.

»Kommt da sofort raus!«, sagte sie streng und dann etwas freundlicher: »Ich tu euch nichts.«

»Nein«, hörte sie die beiden wie aus einem Mund rufen, »wir haben Angst vor dir. Wir kommen auf keinen Fall raus.«

Und schon hörte man wieder - nur diesmal schon viel leiser - das sonderbare »pfffft!«, das anzeigte, dass die Eltern wieder auf die Hälfte ihrer vorigen Größe geschrumpft waren.

Lenchen holte einen Besen aus der Küche und suchte mit dem *Stiel* unter dem Sofa herum, um die Eltern herauszubekommen. Es glückte ihr auch. Sie sah, wie die beiden über

---

hinunter*klettern*, herabsteigen
der Stiel, der Stock am Besen

den Teppich rannten und unter dem Schrank *Schutz* suchten.

Vater war inzwischen nur noch elf und einen halben Zentimeter groß und Mutter zehneinhalb. Beide hatten sich aus *Taschentüchern* Kleider gemacht.

»Na gut«, meinte Lenchen, »wie ihr wollt. Dann frühstücke ich eben allein.«

Sie ging in die Küche, holte sich ihre Cornflakes und tat den letzten Rest der Milch darüber. Dann frühstückte sie und vergaß auch nicht, einen kleinen Unterteller mit Cornflakes auf den Boden zu stellen, damit die Eltern etwas zu essen hatten. Sie war eben ein sehr liebes kleines Mädchen.

Danach zog sie sich an - wieder ohne sich zu waschen - und ging in die Schule. Die Wohnungstür ließ sie offen stehen, wie sie es immer machte. Natürlich erzählte sie weder dem Lehrer noch den anderen Kindern etwas von zu Hause.

Als sie mittags zurückkam, war das Tellerchen auf dem Küchenboden leergegessen. Die Eltern waren nirgends zu finden.

Zum Mittagessen machte Lenchen sich eine

---

der Schutz, die Sicherheit
das Taschentuch, ein Stück Stoff, mit dem man sich die Nase putzt

Sardinenbüchse auf. Aber das war gar nicht so einfach, und sie schnitt sich an dem scharfen Metall in den Finger, dass es blutete.

Heulend lief sie in der Wohnung hin und her
und rief: »Papa! Mama!« Sie hatte Angst, dass sie verbluten müsste.

Schließlich kam Mutter langsam hinter dem Schrank hervor. Vater folgte ihr. Sie konnten beide einfach nicht länger ihr armes kleines Mädchen weinen hören.

»Hast du dir wehgetan?«, fragte die Mutter.

Lenchen zeigte ihr den blutigen Finger.

»Geh schnell ins Bad«, sagte Vater, »und lass

die Sardine, ein Fisch
heulen, laut weinen

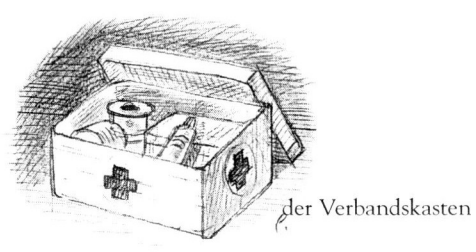
der Verbandskasten

Wasser über den Finger laufen.«

»Und dann hol den *Verbandskasten* aus dem weißen Schränkchen und bring ihn her«, sagte Mutter.

Lenchen *beeilte* sich.

Klein, wie sie waren, mussten die Eltern sich große Mühe geben, um gemeinsam den Finger ihrer Tochter zu verbinden.

»Und jetzt«, sagte der Vater ganz außer *Puste*, als sie fertig waren, »könntest du freundlicherweise mit diesem Unsinn endlich aufhören und uns wieder größer werden lassen. Ich habe Sinn für Humor, aber ich finde, es ist jetzt genug.«

»Das geht nicht«, erklärte Lenchen, »ich würde es ja tun, aber ich weiß nicht wie.«

Und dann erzählte sie, wie sie zu Franziska Fragezeichen gegangen war und wie sie den

beeilen, schnell machen
die Puste, der Atem, die Luft

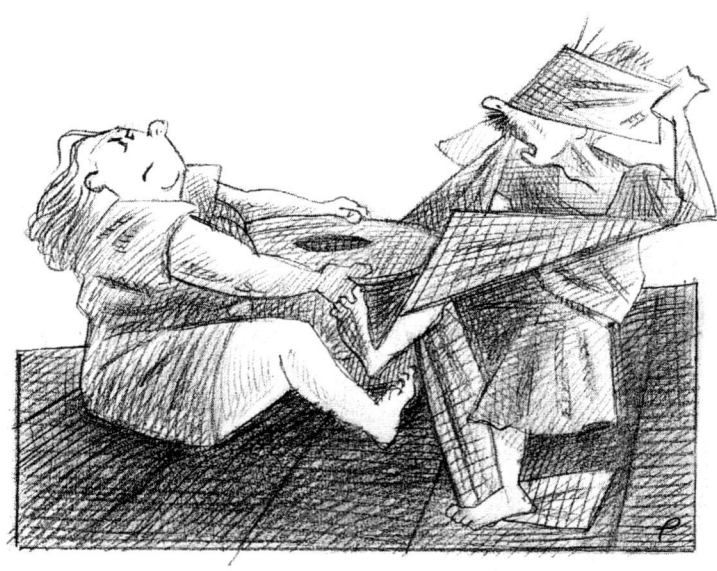

Zucker in den Tee getan hatte und alles andere.

»Eine schöne Fee!«, rief Mutter. »Ich muss sagen, diese Person gefällt mir nicht. Da gehst du mir nie wieder hin, hörst du!«

»Dann dürft ihr mir aber nie, nie, nie mehr widersprechen«, sagte Lenchen, »sonst werdet ihr immer **noch** kleiner, und am Schluss seid ihr nicht mehr da.«

»Unmöglich!«, sagte Vater. »Wenn wir jedes Mal halb so groß werden wie vorher, dann können wir niemals **ganz** *verschwinden*.

| *verschwinden*, nicht mehr da sein

Wir können zwar atom-klein werden, aber etwas bleibt immer *übrig* von uns.«

»Mag sein«, sagte Mutter, »aber die Frage ist doch, was wird dann aus Lenchen? Wer wird für sie sorgen?«

»Eine gute Frage«, meinte der Vater, wie immer, wenn er keine Antwort wusste.

In diesem Augenblick *klingelte* es.

»Das wird Max sein, der zum Spielen kommt«, sagte Lenchen.

»Um Himmels willen!«, rief Vater. »Niemand darf uns so sehen! Du darfst zu niemandem etwas sagen, hast du verstanden, Kind?«

»Klar!«, antwortete Lenchen. »*Versteckt euch.*«

Sie ging zur Wohnungstür und machte auf.

Draußen stand Max, ihr Freund. Er war etwa genauso alt wie sie.

»Schau mal, was ich bekommen habe«, sagte Max und zeigte ihr eine kleine schwarze Katze, die er auf dem Arm trug. »Er heißt Zorro. Wir können mit ihm spielen.«

»Ist es ein Junge?«, fragte Lenchen.

»Natürlich«, antwortete Max, »sonst würde

übrig, da; zurück
klingeln, an der Tür ein akustisches Zeichen geben, weil man hereinkommen möchte
sich verstecken, irgendwo hingehen, wo man nicht gesehen werden kann

er doch nicht Zorro heißen.«

Sie gingen ins Wohnzimmer.

»Bist du allein?«, wollte Max wisssen. »Sind deine Eltern weg?«

»N ... ja«, sagte Lenchen, »sie ... sind auf Besuch bei Freunden.«

»Aber da liegen ja ihre Kleider rum.«

»Sie haben sich umgezogen und mussten sich beeilen. Außerdem *geht* dich das gar nichts *an*.«

Max setzte Zorro auf den Boden, der sofort interessiert *herumzuschnuppern* begann.

»Na, was sagst du?«, fragte Max stolz. »Sowas hast du nicht.«

»Will ich ja auch gar nicht«, gab Lenchen zurück.

»Das ist ein ganz *toller Kater*«, erklärte Max, »ganz selten.«

»So?«, sagte Lenchen. »Mir kommt er ganz gewöhnlich vor.«

»Deshalb heißt er eben Zorro«, sagte Max. »Schau dir bloß mal eben seinen *Schnurrbart* an. So was gibt's nur einmal.«

Lenchen konnte es nicht länger *aushalten*.

---

angehen, interessieren
herumschnuppern, sich neugierig umsehen
toll, besonders gut
der Kater, eine männliche Katze
der Schnurrbart, die Haare im Gesicht der Katze
aushalten, hier: warten

»Ich hab aber noch was viel Tolleres«, sagte sie.

»Was Tolleres?« Max legte sich zu seinem Kater auf den Boden und spielte mit ihm. »Das glaub ich nicht. Du darfst ihn mal anfassen. Wenn ich dabei bin, tut er dir nichts.«

»Was viel, viel, viel Tolleres«, *wiederholte* Lenchen.

»Was denn?«, fragte Max.

»Sag ich nicht«, antwortete Lenchen, die an ihr Versprechen dachte.

»Dann wird's schon nichts Besonderes sein«, meinte Max, legte sich auf den Rücken und setzte sich Zorro auf den Bauch.

»Sehr, sehr, sehr was Besonderes«, sagte Lenchen *wütend*, »viel besonderer als eine Katze.«

»Dann sag's doch!«

»Nein.«

»Du bist *blöd*.«

»Und du erst.«

»Gar nichts hast du.«

»Hab ich doch.«

»Also, was ist es denn?«

»*Zwerge*«, sagte Lenchen.

---

wiederholen, noch einmal sagen
wütend, böse
blöd, dumm
der Zwerg, ein ganz kleiner Mensch

Jetzt war es heraus, obwohl sie es wirklich nicht gewollt hatte.

Max sah sie an.

»*Quatsch*«, sagte er schließlich, »sowas gibt's nicht wirklich.«

»Gibt's doch«, antwortete Lenchen.

»Wie groß sind die denn?« wollte Max wissen.

Lenchen zeigte es mit Daumen und Zeigefinger.

»Und richtig lebendig?«, fragte Max unsicher.

»Mhm«, machte Lenchen.

Max schaute sich im Zimmer um.

»Wo denn?«

»Sie haben sich versteckt«, erklärte Lenchen, »vorher waren sie noch da. Wir haben miteinander gesprochen.«

In diesem Augenblick machte Zorro plötzlich einen Sprung und rannte wie der Blitz unter das Sofa. Dort hörte man ihn *knurren* und *fauchen*, dann machte etwas »schnipp-schnapp«, der Kater sagte »Miau!« und kam wieder hervor. Zorro hatte keinen Schnurrbart mehr.

Max nahm ihn auf den Arm.

---

der Quatsch, der Unsinn
knurren, fauchen, Laute, die eine Katze macht

»Wer hat das gemacht?«, rief er böse. »Der arme Zorro!«

»Meine Zwerge eben«, antwortete Lenchen triumphierend. »Da siehst du's selbst! Sie sind ziemlich gefährlich.«

Max war ein bißchen *blass* geworden. Er

| *blass*, farblos

murmelte etwas von Hausaufgaben, die er noch machen müsste, und hatte es ziemlich eilig wegzugehen.

Als er draußen war, sagte Lenchen: »Dem habt ihr's aber gezeigt! Der mit seiner blöden Katze.«

Die Eltern kamen unter dem Sofa hervor. In ihren Gesichtern war noch der Schrecken zu lesen.

»Wie konntest du nur die Katze hier hereinlassen!«, rief die Mutter. »Fast hätte sie uns gefressen.«

»Das hätte sie nie getan«, sagte Lenchen.

»Nur«, sagte der Vater ziemlich ärgerlich, »weil ich zum Glück die *Schere* aus dem Verbandskasten hatte. Ich hatte schon so ein Gefühl, dass wir sie brauchen würden. Ohne diese Schere wären wir verloren gewesen.«

»Aber Katzen fressen doch keine Menschen«, sagte Lenchen.

»Sie hat uns vielleicht für Mäuse gehalten«, sagte die Mutter.

Nun *erschrak* Lenchen doch etwas.

»Meint ihr, Zorro hätte euch **aus Versehen** fressen können?«

---

die Schere, Werkzeug zum Schneiden
erschrecken, Angst bekommen
aus Versehen, ohne es zu wollen

»Aus Versehen oder *mit Absicht*«, antwortete Vater, »gefressen hätte er uns, wenn ich uns nicht *verteidigt* hätte.«

Lenchen stellte sich vor, was die anderen Kinder in der Schule zu ihr sagen würden, wenn eine Katze ihre Eltern gefressen hätte. Alle würden sie *auslachen*.

»Und du«, sagte die Mutter, »würdest dann natürlich in ein *Waisenhaus* gebracht werden. Das ist dir doch klar?!«

---

mit Absicht, etwas tun wollen
verteidigen, hier: tun, dass etwas nicht geschieht
auslachen, sich über einen lustig machen
das Waisenhaus, ein Heim für Kinder ohne Eltern

Jetzt begann Lenchen zu weinen.

»Ich will aber nicht ins Waisenhaus!«

»Wenn du das nicht willst«, sagte Vater, »dann gibt es nur eins: Mutter und ich müssen unsere normale Größe wiederbekommen.«

Aber das wollte Lenchen nun auch wieder nicht.

»Ich weiß was Besseres«, meinte sie.

Im Wohnzimmer gab es einen Schrank, in dem alle möglichen kostbaren Gläser und *Porzellan*figuren standen. Dort hinein setzte Lenchen nun ihre Eltern.

»Da seid ihr in Sicherheit«, sagte sie, »aber passt auf, dass ihr nichts umwerft und kaputt macht. Wenn jemand kommt, dann müsst ihr eben so tun, als wärt ihr aus Porzellan.«

Damit machte sie die Glastür zu. Die Eltern *gestikulierten* heftig dahinter, aber man konnte sie nicht mehr hören.

Lenchen ging in die Küche und aß mit einer Gabel die Ölsardinen aus der halb geöffneten Büchse, weil sie Hunger hatte.

Dazu machte sie das Radio an.

»Hallo, Lenchen«, sagte eine Frauenstimme, »hier spricht Franziska, *erinnerst* du dich? Fran-

---

das Porzellan, das Material, aus dem die Kaffeetasse ist
gestikulieren, die Hände und Arme bewegen, um etwas sagen zu wollen
erinnern, einen nicht vergessen haben

ziska Fragezeichen, die Fee. Wenn du mich aus irgendeinem Grunde suchen solltest - ich bin umgezogen. Ich wohne jetzt in der Windgasse Nr. 7 im Keller. Wenn du eine zweite Beratung brauchst - nun, ich sagte dir ja schon, dass sie dich ziemlich viel kosten wird. Aber du musst dich bald entscheiden, sonst ist es zu spät. Ende der Nachricht.«

Dann kam irgendeine langweilige Musik. Lenchen machte aus und dachte nach.

Die Sache fing langsam an, ihr unangenehm zu werden. Aber eines stand für sie fest: Eine zweite Beratung war gar nicht nötig. Sie würde nie wieder zu ihr hingehen. In diesem Punkt war sie sich mit Mutter einig. Außerdem wusste Lenchen nicht, wo sie die Windgasse suchen sollte.

Draußen war schönes Wetter. Lenchen rannte hinaus, schlug die Wohnungstür zu und lief auf einen Spielplatz zu den anderen Kindern. Nach kurzer Zeit dachte sie schon nicht mehr an die ganze unangenehme Sache.

Daran dachte sie erst wieder, als sie gegen sieben Uhr nach Hause ging und an der Wohnungstür klingelte. Natürlich **konnte** ihr niemand öffnen, weil die Eltern in dem Glasschrank waren - und den Haus*schlüssel* mitzu-

| *der Schlüssel*, etwas, womit man Türen auf- und zumacht

nehmen, daran hatte Lenchen nicht gedacht, weil sie das noch nie hatte tun müssen.

Jetzt bekam sie doch Angst. Sie setzte sich auf die Treppen*stufen* und weinte leise vor sich hin, obgleich das ja auch nichts helfen konnte.

Sie dachte daran, wie sie die ganze lange Nacht hier würde sitzen bleiben müssen, ganz allein und verlassen, und sie tat sich sehr, sehr, sehr Leid. Nicht mal ein Taschentuch zum Naseputzen hatte sie dabei.

Und Hunger hatte sie auch, und zu essen würde es sowieso nichts geben, weil ja Mutter nichts *kochen* konnte, und überhaupt nie mehr, und Geld hatte Lenchen ja auch keins, um sich was zu kaufen. Und außerdem hatten die Geschäfte jetzt alle schon zu, und das Ganze war wirklich und ein großes Unglück ...

Und Schuld an alledem waren einzig und allein Vater und Mutter. Denn wenn sie nur immer getan hätten, was Lenchen verlangt hatte, dann wäre es überhaupt nie so weit gekommen.

In diesem Augenblick flog mit dem Wind durch das offene Fenster des Treppenhauses ein Stück Papier herein, direkt vor Lenchens

die Stufe, eine Treppe besteht aus vielen Stufen
kochen, Essen machen

Füße. Sie sah, dass etwas darauf geschrieben stand, hob es auf und las:

> **Na, na, nun mach mal einen Punkt.
> Du weißt selbst, dass das nicht wahr ist.
> Deine Eltern können wirklich nichts
> dafür, also komm und lass uns drüber
> sprechen.**

Wer hatte das geschrieben? Lenchen drehte das Papier um, und auf der Rückseite stand:

Mache einen Flieger aus diesem Papier
und *folge* ihm.
Das verstehst du doch,
mach schnell.
5 F.F.F.

F.F.F. konnte eigentlich nur Fee Franziska Fragezeichen heißen. Und der Satz »Das verstehst du doch« sprach auch dafür, dass sie diese Nachricht geschickt hatte.
10 Lenchen fühlte sich augenblicklich getröstet.
Sie hörte auf zu weinen, machte, so gut sie es konnte, einen Flieger aus dem Papier. Besonders gut wurde er nicht, weil sie plötzlich sehr
15 *aufgeregt* war und es eilig hatte. Dann ging sie auf die Straße hinunter und ließ ihn fliegen.
Ein Wind nahm ihn und *trieb* ihn vor sich her, mal hoch hinauf, mal abwärts, aber immer fing er sich wieder und blieb in der Luft, ohne
20 auf den Boden zu fallen.
Lenchen lief hinterher.
Zum Glück flog der Papierflieger meist hoch über den Köpfen der Leute, vor allem dort, wo viele Autos waren. Sonst wäre das kleine

---

folgen, hinterhergehen
aufgeregt, unruhig
treiben, bewegen, stoßen

Mädchen bestimmt einfach *unbesonnen* hinter ihm her über die Straße gelaufen, ohne auf die Autos zu achten. Aber so passierte nichts, außer dass sie ein paar Mal mit Fußgängern zusammenstieß, die dann *schimpften*.

Langsam kam die Nacht, und Lenchen folgte noch immer dem Flieger. Der flog in diese und jene Straße. Wenn Lenchen nicht gleich nachkam, dann wartete er *schwebend* und kreisend, bis sie ihn wieder sah.

unbesonnen, ohne zu denken
schimpfen, laut böse Worte sagen
schweben, in der Luft still stehen

Die Straßen wurden immer dunkler und stiller. Schließlich war weit und breit kein Mensch mehr zu sehen. Der Wind wurde immer kräftiger und trieb das kleine Mädchen vor sich her.

Schließlich stieß Lenchen beinahe mit der Nase auf eine Tür, zu der aber, soweit sie es in der Dunkelheit sehen konnte, überhaupt kein Haus gehörte.

Die Tür stand einfach so da, ganz für sich, und auf ihr war eine große schwarze Sieben geschrieben. Darunter stand:

Zur zweiten Beratung, wenn's recht ist.

Die Tür öffnete sich von selbst und der Wind stieß Lenchen hinein. Sie *stolperte* ein paar *Keller*stufen hinunter und *rutschte* fast aus, als sie unten ankam, denn sie stand auf spiegelglattem Eis.

Der See, den sie ja schon vom ersten Besuch her kannte, war auch hier wieder da. Aber es war jetzt Eis darauf. Den Kahn gab es auch noch, aber er saß jetzt fest. Es war hier Winter und überall war Schnee.

stolpern, rutschen, fast fallen
der Keller, der Raum unter einem Haus

Lenchen musste den weiten Weg bis zur Insel diesmal zu Fuß gehen, und zwar vorsichtig und Schritt für Schritt. Nicht nur wegen der Glätte, sondern auch, weil sie nicht wusste, ob das Eis überall tragen würde. Manchmal jedenfalls *knackte* und *knirschte* es.

Als sie endlich ihren Fuß auf die Insel setzte, stand sie plötzlich wieder auf dem Teppich im Zimmer der Fee, und Franziska Fragezeichen saß an ihrem runden, dreibeinigen Tischchen. Zum Fenster schien nun die Mittagssonne herein, und der Kuckuck, der jetzt aus der Wanduhr herauskam, war jetzt ein richtiger Kuckuck und rief zwölfmal »kuckuck!«. Die Zahlen auf

knacken und *knirschen*, hier: ein Zeichen, dass das Eis sehr dünn ist der Uhr waren wieder nur lauter Zwölfen.

»Die zweite Beratung«, sagte Franziska Fragezeichen, »ist immer um 12 Uhr mittags. Das ist nun mal so.«

Lenchen wollte nicht fragen, warum und weshalb.

»Du musst dich jetzt entscheiden«, sagte die Fee, »wie die Sache weitergehen soll. Die Zeit, in der man noch etwas rückgängig machen kann, ist gleich *abgelaufen*. Das verstehst du doch?«

»Nicht ganz«, sagte Lenchen.

»Hat es dir Spaß gemacht, mein Kind?«

»Schon«, meinte Lenchen, »jedenfalls am Anfang.«

»Also, wenn du willst«, erklärte die Fee, »dann geht es von jetzt an immer so weiter. Deine Eltern werden immer kleiner und immer kleiner. Du könntest sie zuerst in einer *Zündholzschachtel* wohnen lassen. Später kannst du sie dann aber nur noch durch ein

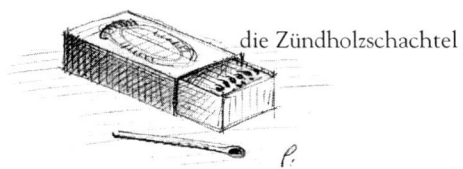

die Zündholzschachtel

| *abgelaufen*, vorbei

Vergrößerungsglas oder sogar durch ein Mikroskop sehen. Aber das ist bestimmt sehr lustig, meinst du nicht?«

Lenchen wusste keine Antwort.

»Aber«, sagte die Fee, »du musst das jetzt sofort entscheiden, denn von einem bestimmten Moment an ist zu viel Zeit vergangen, als dass man noch zum Anfang zurückkehren könnte. Wer zu weit gegangen ist, muss weiter gehen. Das ist oft so im Leben. Das verstehst du doch? Aber vielleicht möchtest du weiter gehen? Du musst es nur sagen, Kind.«

Lenchen sah die Fee fragend an.

»Oh, ich will dich wirklich nicht *beeinflussen*, meine Liebe«, sagte Franziska Fragezeichen. »Du sollst die Sache ganz so entscheiden, wie du es für richtig hältst. Ich wollte dir nur sagen, was dabei herauskommen wird. Das verstehst du doch?«

»Ja«, antwortete Lenchen. »Und was wäre die andere Möglichkeit?«

»Die andere Möglichkeit«, sagte die Fee, »wird dir bestimmt nicht *gefallen*. Sie ist **sehr** unerfreulich - für dich jedenfalls. Ich glaube nicht, dass sie dich überhaupt interessiert.«

»Sagen Sie mir's trotzdem«, bat Lenchen.

---

beeinflussen, über einen bestimmen
gefallen, mögen

»Nun«, erklärte die Fee, »ich könnte jetzt gerade noch die Zeit seit unserer ersten Beratung zurückdrehen – das heißt genau bis zu dem Augenblick, bevor du die Zuckerstückchen in die Tassen deiner Eltern geworfen hast. Dann wäre es für alle anderen so, als wäre überhaupt nichts passiert. Auch das Foto hättest du natürlich nie gemacht.

Es gäbe überhaupt nichts von der ganzen Geschichte. Nur du allein wüsstest, was geschehen ist – oder vielmehr, was geschehen wird, denn in diesem Augenblick wäre ja auch für dich selber alles wieder *Zukunft*. Das verstehst du doch? Dann könntest du dich natürlich anders entscheiden und die Zuckerstückchen **nicht** in den Tee werfen.«

»Wirklich?«, fragte Lenchen. »Ginge das?«

»Sicher«, antwortete die Fee, »aber die Sache hat leider einen kleinen *Haken*, wie das bei solchen Zaubergeschichten eben nicht anders ist. Ich sagte dir ja von Anfang an, daß die zweite Beratung für dich teuer werden würde – so oder so.«

Franziska Fragezeichen *trommelte* mit ihren zwölf Fingern nachdenklich auf den Tisch.

»Welchen Haken denn?«, wollte Lenchen

die Zukunft, die Zeit, die kommt
der Haken, hier: die Schwierigkeit, das Problem
trommeln, schlagen

wissen.

»Nun ja«, sagte die Fee, »du müsstest die Zuckerstückchen **selbst** essen, und zwar auf der Stelle. Das wäre die einzige Möglichkeit.«

»Könnte ich sie nicht einfach wegwerfen?«

»Nein, leider nicht, mein Kind. Das geht nicht. Sie würden auf jeden Fall immer bei denjenigen landen, für die sie bestimmt waren. Auch wenn man sie hunderttausend Kilometer weit weg ins Meer würfe, würden sie im selben Augenblick, wo man sie losließe, in der Teetasse deiner Eltern sein. Es sind ja keine normalen Zuckerstücke. Das verstehst du doch?«

»Ja, aber –«, sagte Lenchen, »wenn ich sie esse, dann passiert mir doch das gleiche wie Papa und Mama. Dann werde ich doch selbst immer kleiner und kleiner.«

»Aber sicher«, antwortete die Fee, »es sei denn … «

»Es sei denn was?«

»Es sei denn«, wiederholte Franziska Fragezeichen, »du widersprichst eben **niemals**. Dann würde dir natürlich auch nichts passieren. Das wär's.«

»Ach so«, sagte Lenchen.

Sie *schwieg* eine Weile, und auch die Fee sag-

schweigen, nicht sprechen

te nichts mehr. Endlich sagte Lenchen: »Es geht nicht. Das ist einfach zu schwer für mich.«

»Ich dachte es mir schon«, sagte die Fee. »Also lassen wir eben alles so, wie es ist. Mir ist es übrigens ganz gleich. Ich *überrede* dich zu nichts.«

Sie blickte auf die Uhr.

»Jetzt sind gerade noch zehn Sekunden Zeit. Danach ist sowieso alles entschieden, weil es zu spät ist.«

Lenchen kämpfte einen furchtbaren Kampf mit sich selbst.

»Bitte!«, schrie sie dann plötzlich. »Drehen Sie die Zeit zurück! Bitte, tun Sie's! Jetzt sofort!«

Franziska Fragezeichen sprang auf und begann mit dem Finger die Zeiger ihrer Kuckucksuhr rückwärts zu drehen. Das war das Letzte, was Lenchen von ihr sah.

Wieder hörte sie dieses sonderbare Geräusch - »flupp!« - als ob ein Korken aus einer Flasche gezogen wird, und dann fand sie sich zu Hause im Wohnzimmer wieder, genau in dem Augenblick, als Mutter in der Küche war, um Plätzchen zu holen, und Vater im Schlafzimmer, um sich die bequeme Hausjacke anzuziehen.

| *überreden*, bestimmen

Und in der Hand fühlte sie die beiden Zuckerstückchen, die ihr sagten, dass alles Wirklichkeit war. Sie tat sie in den Mund und aß sie.

»Lenchen«, sagte die Mutter, die eben hereinkam, »du sollst doch keinen Zucker essen. Das ist nicht gut für deine Zähne.«

»Ja, Mama«, antwortete Lenchen.

Vater setzte sich in seinen Sessel.

»Ich würde gern mal eben die Nachrichten sehen. Hat jemand was dagegen?«

»Nein, Papa«, sagte Lenchen.

Die Eltern sahen sich an.

»Was ist los mit dir, Lenchen?«, fragte Vater. »Bist du krank?«

Sie *schüttelte den Kopf.*

»Komm, trink eine Tasse Tee mit uns«, sagte Mutter, »das wird dir guttun.«

»Ja, danke«, sagte Lenchen.

Und so blieb es von da an immer. Für die Eltern war das Leben natürlich sehr viel leichter.

»Das Kind wird eben langsam *vernünftig*«, sagten sie.

Aber den wahren Grund bekamen sie nie zu wissen. Der blieb Lenchens *ewiges* Geheimnis.

Oder jedenfalls für eine sehr lange Zeit - bis zum folgenden Freitag.

Da sagte der Vater: »Kind, so kann das mit dir nicht weitergehen.«

»Ja, Papa«, antwortete Lenchen folgsam.

»Irgendwas«, meinte Mutter, »irgendwas ist mit dir nicht in Ordnung. Du bist so fremd. Gar nicht mehr wie unser Lenchen.«

»Jedes normale Kind widerspricht ab und zu mal«, sagte Vater. »Hast du denn überhaupt keine Meinung mehr?«

»Nein, Papa.«

»Wir machen uns Sorgen«, rief Mutter. »Könntest du nicht wenigstens ab und zu mal

---

den Kopf schütteln, den Kopf hin und her bewegen, um nein zu sagen
vernünftig, klug
ewig, nie endend

ein bisschen widersprechen? Nur um uns die Freude zu machen, ein normales Kind zu haben?«

Nun wusste Lenchen nicht mehr weiter. Wenn sie nein sagte, widersprach sie, und die Katastrophe war da; wenn sie aber ja sagte, versprach sie zu widersprechen, und das war das Gleiche.

Statt einer Antwort begann sie ein bisschen zu weinen.

»Um Himmels willen«, riefen die Eltern, »ist es so schlimm? Wenn du etwas hast, dann sprich, Kind. Uns kannst du doch alles sagen.«

Und nun erklärte Lenchen unter Weinen, wie das mit den Zuckerstückchen war, und überhaupt alles.

»Das gibt es ja nicht!«, rief Mutter. »Diese Fee ist ja eine böse Person.«

»Ja«, sagte Vater.

»Mein armes Kind«, tröstete Mutter und nahm Lenchen in die Arme, »sei nur ganz ruhig. Dein kluger Vater wird bestimmt einen *Ausweg* finden. Nicht wahr, Kurt, mein Lieber, das wirst du doch?«

»Natürlich«, antwortete Vater. »Lasst uns mal nachdenken.«

Er ging im Zimmer auf und ab, und Frau und

| *der Ausweg*, die Hilfe

Kind folgten ihm mit den Augen.

»Ich hab's«, sagte er nach einiger Zeit. »Die Sache ist im Grunde genommen sogar sehr einfach. Zucker wird vom Körper aufgebraucht, so wie Benzin vom Automotor. Die Zuckerstückchen können nur so lange *wirken*, wie sie in deinem Körper sind. Und Zucker wird sogar besonders schnell vom Körper ver-

| *wirken*, arbeiten

braucht. Also hast du sie längst nicht mehr in dir.«

Lenchen hörte auf zu weinen.

»Glaubst du wirklich?«

»Klar«, sagte Vater, »widersprich mir doch mal.

»Ja, Papa«, sagte Lenchen folgsam, »aber wenn's *schiefgeht*?«

»Nein«, meinte Mutter, »du musst uns richtig widersprechen. Nicht bloß so halb.«

»Dann müsst ihr mir aber erst richtig was befehlen«, sagte Lenchen.

Vater machte ein strenges Gesicht.

»Also gut, dann ordne ich jetzt an, dass du sofort einen *Purzelbaum* machst.«

»Nein«, sagte Lenchen, »ich will aber nicht.

Alle drei warteten, aber nichts geschah. Da fielen sie sich lachend in die Arme.

Vater hatte Recht gehabt. Er war eben wirklich ein kluger Mann.

Damit hätten sie nun eigentlich die ganze Sache vergessen können. Aber eines kam schließlich doch bei alledem heraus: Lenchen widersprach den Eltern, und die Eltern widersprachen Lenchen von da an nur noch, wenn

schiefgehen, nicht glücken
der Purzelbaum, mit dem ganzen Körper eine Rolle auf dem Boden machen

es tatsächlich nötig war, und nicht mehr nur einfach bloß so.

Und darum lebten sie fortan miteinander in der schönsten Familien*eintracht* und dachten an die Fee Franziska Fragezeichen trotz allem nicht ohne eine gewisse Dankbarkeit.

Ach, und übrigens: Purzelbäume machte Lenchen noch viele, mit und ohne Befehl.

| *die Eintracht*, der Frieden

Fragen

1. Was für ein Mädchen ist Lenchen?
2. Was will sie deshalb eines Tages machen?
3. Wer hilft ihr dabei?
4. Beschreibe die Fee und ihr Zuhause.
5. Wie kann die Fee Lenchen helfen?
6. Beschreibe Lenchens Alltag mit ihren kleinen Eltern.
7. Wer sind Max und Zorro?
8. Warum möchte Lenchen, dass ihre Eltern wieder ihre normale Größe bekommen?
9. Was kostet die zweite Beratung von Franziska Fragezeichen?
10. Warum muss Lenchen vor ihren Eltern einen Purzelbaum machen?

Aufgaben

1. Du bist Franziska Fragezeichen. Wie würdest du Lenchen helfen, ihr Problem mit ihren Eltern zu lösen?

2. Beschreibe deine Lieblingssendungen im Fernsehen. (Wann kommen sie? Wie lange dauern sie? Welchen Inhalt haben sie?)

3. Kannst du kochen? Welche Gerichte kannst du und wie machst du sie?

4. Setze die fehlenden Wörter ein. Die Anfangsbuchstaben ergeben einen Namen.

   1. Wichtig war nur, sie konnte wirklich _ _ _ _ _ _ _.

   2. _ _ _ _ diese Schere wären wir verloren gewesen.

   3. Und wo ist die _ _ _ _ _straße.

   4. Aber du solltest vielleicht besser einen_ _ _ _ _ _ _ _ _ _ _mitnehmen, damit du nicht nass wirst.

5. Irgendwas ist mit dir nicht in _ _ _ _ _ _ _.

Der Name: _ _ _ _ _

Sprachübungen

1. Bilde den Plural:

    der Schuh -
    die Straße -
    der Fuß -
    der Tisch -
    der Finger -
    das Stück -
    die Tasse -
    die Träne -
    der Keks -
    die Stufe -

2. Setze *der, die* oder *das* ein:

Wenige Minuten später kam____ Zauberkahn schon an ___ Insel an, und ___ kleine Mädchen sprang an Land. Da war____Land plötzlich ein Zimmerboden mit einem Teppich darauf.

3. Setze die richtigen Verbformen ein:

Lenchen (sein) _____ ein sehr liebes kleines Mädchen, solange ihre Eltern vernünftig (sein) _____ und (tun) _____, was sie von ihnen (verlangen) _____. Aber das (tun) _____ sie eben leider fast nie.
(Sagen) _____ das kleine Mädchen zu seinem Vater: »(geben) _____ mir mal fünf Mark, damit ich mir ein großes Eis kaufen (können) _____!«, dann (antworten) _____ er: »Nein, denn du (haben) _____ schon drei gegessen, und zu viel Eis (sein) _____ nicht gut für dich.« Oder wenn Lenchen ganz freundlich zu ihrer Mutter (sagen) _____: »Mama, (putzen) _____ mir doch meine Schuhe!«, dann (sagen) _____ die: »Das (machen) _____ mal schön selbst, du (sein) groß genug dafür.« Oder wenn das Mädchen (sagen) _____: »Ich (wollen) _____ dieses Jahr in den Ferien ans Meer fahren.«, dann (sagen) _____ beide: »Wir (fahren) diesmal lieber ins Gebirge.«

www.easyreaders.eu

EASY READERS *Dänemark*
ERNST KLETT SPRACHEN *Deutschland*
ARCOBALENO *Spanien*
LIBER *Schweden*
EMC CORP. *USA*
PRACTICUM EDUCATIEF BV. *Holland*
EUROPEAN SCHOOLBOOKS PUBLISHING LTD. *England*
ALLECTO LTD. *Estland*

Ein Verzeichnis aller bisher erschienenen EASY READERS in deutscher Sprache finden Sie auf der vorletzten Umschlagseite.
Diese Ausgabe ist gekürzt und vereinfacht und ist damit für den Deutschlernenden leicht zu lesen.
Die Wortwahl und der Satzbau richten sich - mit wenigen Ausnahmen - nach der Häufigkeit der Anwendung und dem Gebrauchswert für den Leser.
Weniger gebräuchliche oder schwer zugängliche Wörter werden durch Zeichnungen oder Fußnoten in leicht verständlichem Deutsch erklärt.
EASY READERS sind unentbehrlich für Schule und Selbststudium.
EASY READERS sind auch auf Französisch, Englisch, Spanisch, Italienisch und Russisch vorhanden.

EASY READERS BISHER ERSCHIENEN:

Johanna Spyri: Heidi (0)
Gottfried August Bürger: Münchhausens Abenteuer (A)
Michael Ende: Lenchens Geheimnis (A)
Ursula Fuchs: Wiebke und Paul (A)
Peter Härtling: Ben liebt Anna (A)
Erich Kästner: Mein Onkel Franz (A)
Erich Kästner: Das doppelte Lottchen (A)
Siegfried Lenz: Lotte soll nicht sterben (A)
Inge Meyer-Dietrich: Und das nennt ihr Mut? (A)
Jo Hanns Rösler: Gänsebraten und andere Geschichten (A)
Heinrich Spoerl: Man kann ruhig darüber sprechen (A)
    Till Eulenspiegel (A)
August Winnig: Das Römerzimmer/Der Schneider von Osterwyk (A)
Brigitte Blobel: Das Model (B)
Gerhard Eikenbusch: Und jeden Tag ein Stück weniger von mir (B)
Hans Fallada: Erzählungen (B)
Thomas Fuchs: Alleingelassen (B)
Peter Härtling: Paul, das Hauskind (B)
Marie Luise Kaschnitz: Kurzgeschichten (B)
Krystyna Kuhn: Bittersüßes oder Saures (B)
Erich Kästner: Emil und die Detektive (B)
Siegfried Lenz: Das Feuerschiff (B)
Usch Luhn: Blind (B)
Hansjörg Martin: Kein Schnaps für Tamara (B)
Gudrun Pausewang: Die Wolke (B)
Herbert Reinecker: Der Kommissar lässt bitten (B)
Andreas Schlüter: LEVEL 4: Die Stadt der Kinder (B)
Inge Scholl: Die Weiße Rose (B)
Heinrich Spoerl: Der Gasmann (B)
Otto Steiger: Einen Dieb fangen (B)
Friedhelm Werremeier: Zwei Kriminalstorys (B)
Christoph Wortberg: Novembernacht (B)
Brigitte Blobel: Eine Mutter zu viel (C)
Thomas Brussig: Am kürzeren Ende der Sonnenallee (C)
Susanne Clay: Der Feind ganz nah (C)
Jana Frey: Sackgasse Freiheit (C)
Albrecht Goes: Das Brandopfer (C)
Erich Kästner: Drei Männer im Schnee (C)
Siegfried Lenz: Lehmanns Erzählungen oder So schön war mein Markt (C)
    So zärtlich war Suleyken (C)
Hansjörg Martin: Die lange, große Wut (C)
Angelika Mechtel: Flucht ins fremde Paradies (C)
Barbara Noack: Die Zürcher Verlobung (C)
Gudrun Pausewang: Du darfst nicht schreien (C)
Otfried Preußler: Krabat (C)
Herbert Reinecker: Fälle für den Kommissar (C)
Luise Rinser: Die Erzählungen (C)
Rosemarie von Schach: Tochterliebe (C)
Sybil Gräfin Schönfeldt: Sonderappell (C)
Gregor Tessnow: Knallhart (C)
Stefan Zweig: Novellen (C)
Heinrich Böll: Erzählungen (D)
Erich Kästner: Der kleine Grenzverkehr (D)

Auf Grund gewisser Copyright-Bestimmungen sind einige
der oben genannten Titel nicht in allen Ländern erhältlich.
Bestellen Sie bitte den Easy Reader Katalog bei Ihrem Verleger.